Fractions 5th Grade Math Essentials
Children's Fraction Books

Bobo's Little Brianiac Books

educational & informative books for children
(PRE-K / K-12)

All Rights reserved. No part of this book may be reproduced or used in any way or form or by any means whether electronic or mechanical, this means that you cannot record or photocopy any material ideas or tips that are provided in this book

Copyright 2016

Name: _____ Score: _____

ADDING LIKE FRACTIONS

1. 5/11 + 10/11 =

2. 1/17 + 3/17 =

3. 11/16 + 12/16 =

4. 3/11 + 6/11 =

5. 6/11 + 12/11 =

6. 12/10 + 6/10 =

Name: _____ Score: _____

ADDING LIKE FRACTIONS

1. 1/15 + 2/15 =

2. 4/15 + 1/15 =

3. 11/6 + 11/6 =

4. 6/25 + 4/25 =

5. 1/13 + 9/13 =

6. 8/16 + 12/16 =

Name: _____ Score: _____

ADDING LIKE FRACTIONS

1. 8/24 + 8/24 =

2. 5/21 + 1/21 =

3. 11/23 + 11/23 =

4. 8/16 + 10/16 =

5. 8/6 + 2/6 =

6. 4/20 + 5/20 =

Name: _____ Score: _____

ADDING LIKE FRACTIONS

1. 12/25 + 9/25 =

2. 7/3 + 4/3 =

3. 7/4 + 4/4 =

4. 10/11 + 9/11 =

5. 12/5 + 2/5 =

6. 8/6 + 1/6 =

Name: _____ Score: _____

ADDING LIKE FRACTIONS

1. 9/5 + 3/5 =

2. 11/6 + 2/6 =

3. 4/3 + 4/3 =

4. 10/9 + 3/9 =

5. 6/9 + 2/9 =

6. 11/2 + 3/2 =

Name: _____ Score: _____

ADDING MIXED NUMBERS

1. 10 5/6 + 5 3/6 =

2. 6 1/11 + 3 5/11 =

3. 2 8/9 + 10 3/9 =

4. 7 4/5 + 2 2/5 =

5. 2 2/9 + 8 3/9 =

6. 7 2/5 + 4 4/5 =

Name: _____ Score: _____

ADDING MIXED NUMBERS

1. $8\ 1/9 + 3\ 7/9 =$ **4.** $5\ 5/10 + 10\ 4/10 =$

2. $4\ 4/10 + 5\ 2/10 =$ **5.** $1\ 7/9 + 2\ 3/9 =$

3. $11\ 1/2 + 8\ 1/2 =$ **6.** $3\ 6/7 + 13\ 5/7 =$

Name: _____ Score: _____

ADDING MIXED NUMBERS

1. 2 1/3 + 4 1/3 =

2. 9 1/2 + 12 1/2 =

3. 6 2/4 + 3 3/4 =

4. 1 1/9 + 12 7/9 =

5. 5 3/8 + 10 2/8 =

6. 3 1/2 + 12 1/2 =

Name: _____ Score: _____

ADDING MIXED NUMBERS

1. $13\ 1/5 + 3\ 4/5 =$

2. $5\ 1/2 + 5\ 1/2 =$

3. $8\ 1/5 + 5\ 1/5 =$

4. $5\ 1/5 + 2\ 2/5 =$

5. $6\ 5/7 + 2\ 1/7 =$

6. $5\ 4/8 + 9\ 5/8 =$

Name: _____ Score: _____

ADDING A FRACTION AND A MIXED NUMBER

1. 7 2/4 + 9/4 =

2. 2/9 + 6 1/9 =

3. 8 5/12 + 4/12 =

4. 8/7 + 9 5/7 =

5. 10/11 + 6 8/11 =

6. 8 2/8 + 11/8 =

Name: _____ Score: _____

ADDING A FRACTION AND A MIXED NUMBER

1. 6/7 + 5 2/7 =

2. 8 1/4 + 7/4 =

3. 9 5/10 + 12/10 =

4. 7 3/7 + 9/7 =

5. 7/12 + 2 4/12 =

6. 9/11 + 7 10/11 =

Name: _____ Score: _____

ADDING A FRACTION AND A MIXED NUMBER

1. 7 3/9 + 8/9 =

2. 1/11 + 1 2/11 =

3. 5/9 + 4 8/9 =

4. 1/4 + 2 2/4 =

5. 10 1/4 + 7/4 =

6. 5/10 + 1 6/10 =

Name: _____ Score: _____

ADDING A FRACTION AND A MIXED NUMBER

1. 6/8 + 7 3/8 =

2. 4 2/3 + 7/3 =

3. 4/9 + 9 2/9 =

4. 6/8 + 9 1/8 =

5. 7/12 + 5 8/12 =

6. 6 1/3 + 7/3 =

Name: _____ Score: _____

SUBTRACTING LIKE FRACTIONS

1. 12/8 − 10/8 =

2. 10/4 − 9/4 =

3. 2/3 − 2/3 =

4. 12/5 − 11/5 =

5. 4/12 − 2/12 =

6. 11/4 − 3/4 =

Name: _____ Score: _____

SUBTRACTING LIKE FRACTIONS

1. 9/8 − 3/8 =

2. 4/5 − 4/5 =

3. 4/17 − 2/17 =

4. 12/22 − 1/22 =

5. 3/17 − 3/17 =

6. 12/14 − 2/14 =

Name: _____ Score: _____

SUBTRACTING LIKE FRACTIONS

1. 11/14 − 10/14 =

2. 7/4 − 6/4 =

3. 12/13 − 7/13 =

4. 11/24 − 7/24 =

5. 10/19 − 5/19 =

6. 1/10 − 1/10 =

Name: _____ Score: _____

SUBTRACTING LIKE FRACTIONS

1. 5/21 − 1/21 =

2. 6/9 − 4/9 =

3. 10/22 − 5/22 =

4. 4/19 − 1/19 =

5. 7/13 − 2/13 =

6. 8/25 − 6/25 =

Name: _____ Score: _____

SUBTRACTING A FRACTION FROM A WHOLE NUMBER

1. 10 − 8/7 =

2. 7 − 9/10 =

3. 7 − 4/7 =

4. 5 − 12/7 =

5. 4 − 4/9 =

6. 1 − 5/6 =

Name: _____ Score: _____

SUBTRACTING A FRACTION FROM A WHOLE NUMBER

1. $5 - 9/12 =$

2. $2 - 5/11 =$

3. $3 - 3/7 =$

4. $3 - 8/11 =$

5. $4 - 7/4 =$

6. $7 - 5/5 =$

Name: _____ Score: _____

SUBTRACTING A FRACTION FROM A WHOLE NUMBER

1. 8 − 1/7 =

2. 9 − 10/4 =

3. 9 − 2/12 =

4. 7 − 3/11 =

5. 7 − 5/7 =

6. 4 − 8/9 =

Name: _____ Score: _____

SUBTRACTING A FRACTION FROM A WHOLE NUMBER

1. 8 − 3/2 =

2. 9 − 3/4 =

3. 9 − 1/5 =

4. 9 − 8/9 =

5. 8 − 7/11 =

6. 10 − 8/9 =

Name: _____ Score: _____

SUBTRACTING A FRACTION FROM A MIXED NUMBER

1. 5 1/7 − 8/7 =

2. 2 1/2 − 5/2 =

3. 4 2/9 − 8/9 =

4. 5 6/11 − 7/11 =

5. 4 3/4 − 6/4 =

6. 6 1/2 − 7/2 =

Name: _____ Score: _____

SUBTRACTING A FRACTION FROM A MIXED NUMBER

1. 6 4/7 − 8/7 =

2. 6 3/4 − 10/4 =

3. 5 6/8 − 5/8 =

4. 6 1/2 − 12/2 =

5. 5 6/12 − 3/12 =

6. 3 2/6 − 4/6 =

Name: _____ Score: _____

SUBTRACTING A FRACTION FROM A MIXED NUMBER

1. 4 5/10 − 11/10 =

2. 1 6/8 − 9/8 =

3. 2 1/3 − 1/3 =

4. 3 2/7 − 10/7 =

5. 4 1/7 − 1/7 =

6. 4 2/4 − 6/4 =

Name: _____ Score: _____

SUBTRACTING A FRACTION FROM A MIXED NUMBER

1. 5 2/7 − 4/7 =

2. 8 1/2 − 5/2 =

3. 2 5/7 − 2/7 =

4. 1 1/9 − 4/9 =

5. 4 1/11 − 3/11 =

6. 3 2/4 − 9/4 =

Name: _____ Score: _____

MIXED NUMBERS TO FRACTION

1. 9 8/9

2. 8 11/12

3. 3 3/7

4. 9 5/11

5. 9 2/5

6. 8 1/12

Name: _____ Score: _____

MIXED NUMBERS TO FRACTION

1. 8 2/12

2. 1 4/12

3. 3 2/8

4. 9 5/6

5. 6 7/10

6. 7 3/9

Name: _____ Score: _____

MIXED NUMBERS TO FRACTION

1. 9 2/12

2. 10 2/8

3. 1 3/9

4. 4 11/12

5. 10 8/10

6. 2 4/10

Name: _____ Score: _____

MIXED NUMBERS TO FRACTION

1. 10 2/9

2. 7 5/8

3. 3 1/2

4. 2 6/12

5. 4 1/5

6. 1 7/10

Name: _____ Score: _____

FRACTIONS TO MIXED NUMBER

1. 6/5

2. 15/5

3. 8/5

4. 6/3

5. 9/3

6. 30/7

Name: _____ Score: _____

FRACTIONS TO MIXED NUMBER

1. 8/6

2. 27/8

3. 19/11

4. 15/9

5. 12/3

6. 30/12

Name: _____ Score: _____

FRACTIONS TO MIXED NUMBER

1. 22/8

2. 16/7

3. 12/1

4. 17/12

5. 17/3

6. 8/4

Name: _____ Score: _____

FRACTIONS TO MIXED NUMBER

1. 25/7

2. 16/2

3. 8/7

4. 10/8

5. 9/8

6. 16/4

ANSWERS

1.	1 4/11	1.	2/3	1.	2 2/5
2.	4/17	2.	2/7	2.	2 1/6
3.	1 7/16	3.	22/23	3.	2 2/3
4.	9/11	4.	1 1/8	4.	1 4/9
5.	1 7/11	5.	1 2/3	5.	8/9
6.	1 4/5	6.	9/20	6.	7
1.	1/5	1.	21/25		
2.	1/3	2.	3 2/3		
3.	3 2/3	3.	2 3/4		
4.	2/5	4.	1 8/11		
5.	10/13	5.	2 4/5		
6.	1 1/4	6.	1 1/2		

1.	8 6/7	4.	2 3/11	1.	6 1/2
2.	6 1/10	5.	2 1/4	2.	8 1/4
3.	6 3/7	6.	6	3.	8 4/5
4.	3 2/7			4.	8 1/9
5.	3 5/9	1.	7 6/7	5.	7 4/11
6.	1/6	2.	6 1/2	6.	9 1/9
		3.	8 5/6		
1.	4 1/4	4.	6 8/11		
2.	1 6/11	5.	6 2/7		
3.	2 4/7	6.	3 1/9		

ANSWERS

1.	9 3/4	4.	8 5/7	1.	8 1/8
2.	6 1/3	5.	2 11/12	2.	7
3.	8 3/4	6.	8 8/11	3.	9 2/3
4.	10 6/7			4.	9 7/8
5.	7 7/11	1.	8 2/9	5.	6 1/4
6.	9 5/8	2.	1 3/11	6.	8 2/3
		3.	5 4/9		
1.	6 1/7	4.	2 3/4		
2.	10	5.	12		
3.	10 7/10	6.	2 1/10		

1.	1/4	4.	1/2	1.	4/21
2.	1/4	5.	0	2.	2/9
3.	0	6.	5/7	3.	5/22
4.	1/5			4.	3/19
5.	1/6	1.	1/14	5.	5/13
6.	2	2.	1/4	6.	2/25
		3.	5/13		
1.	3/4	4.	1/6		
2.	0	5.	5/19		
3.	2/17	6.	0		

ANSWERS

1. 8 6/7
2. 6 1/10
3. 6 3/7
4. 3 2/7
5. 3 5/9
6. 1/6

1. 4 1/4
2. 1 6/11
3. 2 4/7

4. 2 3/11
5. 2 1/4
6. 6

1. 7 6/7
2. 6 1/2
3. 8 5/6
4. 6 8/11
5. 6 2/7
6. 3 1/9

1. 6 1/2
2. 8 1/4
3. 8 4/5
4. 8 1/9
5. 7 4/11
6. 9 1/9

---

1. 4
2. 0
3. 3 1/3
4. 4 10/11
5. 3 1/4
6. 3

1. 5 3/7
2. 4 1/4

3. 5 1/8
4. 1/2
5. 5 1/4
6. 2 2/3

1. 3 2/5
2. 5/8
3. 2
4. 1 6/7

5. 4
6. 3

1. 4 5/7
2. 6
3. 2 3/7
4. 2/3
5. 3 9/11
6. 1 1/4

ANSWERS

1. 89/9
2. 107/12
3. 24/7
4. 104/11
5. 47/5
6. 97/12

1. 49/6
2. 4/3
3. 13/4

4. 59/6
5. 67/10
6. 22/3

1. 55/6
2. 41/4
3. 4/3
4. 59/12
5. 54/5
6. 12/5

1. 92/9
2. 61/8
3. 7/2
4. 5/2
5. 21/5
6. 17/10

---

1. 1 1/5
2. 3
3. 1 3/5
4. 2
5. 3
6. 4 2/7

1. 1 1/3
2. 3 3/8
3. 1 8/11

4. 1 2/3
5. 4
6. 2 1/2

1. 2 3/4
2. 2 2/7
3. 12
4. 1 5/12
5. 5 2/3
6. 2

1. 3 4/7
2. 8
3. 1 1/7
4. 1 1/4
5. 1 1/8
6. 4

www.ingramcontent.com/pod-product-compliance
Lightning Source LLC
Chambersburg PA
CBHW041225040426
42444CB00002B/48